Deutsche Fassung: Antoinette Cherbuliez
Fachliche Beratung: Alexander Landt, Geograph
Herausgeber: Barbara Veit und Christine Wolfrum

DIE WELT ERKENNEN

Lizenzausgabe als Ravensburger Taschenbuch Band 8520

Titel der Originalausgabe: „Le livre des explorateurs"

Umschlagillustration: Jame's Prunier

Satz: Fotosatz Ruderer, Grünkraut
Printed in Italy by Soc. Editoriale Libraria

91 92 93 94 95 5 4 3 2 1

ISBN 3-473-38520-4

Die Welt der Forschungsreisenden

Text und Illustrationen
von François Place

Otto Maier Ravensburg

Wir haben heute schreckliche Stunden in diesen Wäldern durchlebt, und Bwana Schokka, der diese Gegend schon früher besucht hat, erklärt, indem er stolz auf uns herabblickt, daß unsere bisherigen Erfahrungen nur ein schwacher Anfang von den Leiden seien, welche wir wochenlang würden ertragen müssen. Ein solches Kriechen, Greifen und Krallen, Zerren und Zwängen durch die feuchten, dumpfigen Dickichte und eine solche Höhe und Tiefe der Waldungen.

Henry Morton Stanley

Dieses Buch gehört

....

Inhaltsverzeichnis

Die ersten Forschungsreisenden

Herodot (ca. 485–425 v. Chr.). Bereiste weite Teile der griechischen und barbarischen (nichtgriech.) Welt. Er hinterließ lebendige Beschreibungen jener Länder und Völker.

Alexander der Große (356–323 v. Chr.). Eroberer des persischen Reichs. Kam bis zum Indus in Nordindien.

Hsüan-Tsang (um 600–664). Buddhistischer Mönch aus China. Reiste nach Indien und kehrte mit vielen heiligen Texten zurück.

Mohammed al-Idrisi (ca. 1100-1166). Arabischer Geograph, bereiste Europa und Kleinasien. Verfaßte einen der ersten Atlanten.

Wilhelm von Rubruk (ca. 1220–1293). Flämischer Missionar. Gesandter Ludwigs des Heiligen beim Großkhan. Kam bis in die Mongolei.

Marco Polo (1254–1324). Kaufmann aus Venedig, reiste nach China (1271–1295) und schrieb darüber einen Reisebericht *Von Venedig bis China.*

Ibn Battuta (1304–1377). Bereiste große Teile Vorder- und Zentralasiens, Indiens, Chinas, Sumatras, Nord- und Ostafrikas.

Südamerika

Francisco de Orellana (ca. 1511–1546). Gefährte Gonzalo Pizarros auf einer Expedition ins „Land der Zimtwälder". Fuhr als erster den Amazonas hinunter (1541).

Vasco Nuñez de Balboa (1475–1519). Spanischer Konquistador. Durchquerte im September 1513 den Isthmus von Panama und entdeckte den Pazifik.

Pedro de Valdivia (1500–1553). Nahm an der Eroberung Perus teil, entdeckte und eroberte Chile (1541–1553).

Nordamerika

Hernando Cortez (1485–1547). Eroberer Mexikos und des Aztekenreichs (1519–1521).

Cabeza de Vaca (1507–1564). Überlebender einer Floridaexpedition, durchquerte 9 Jahre lang (1528–1537) den Süden der heutigen USA.

Hernando de Soto (1486–1542). Leitete eine Expedition von Florida zum Mississippi (1539–1542) und starb auf dem Rückweg.

Francisco Vasquez de Coronado (1510–1554). Expedition in den Südwesten der heutigen USA (Texas, Neu-Mexiko, Arizona).

Jacques Marquette (1637–1675) und **Louis Jolliet** (1645–1700). Fuhren auf dem Mississippi von Wisconsin bis nach Arkansas.

Robert Cavelier de La Salle (1643–1687). Forschte in Kanada und im Gebiet der Großen Seen (1669–1679). Fuhr 1681/82 den Mississippi hinunter.

Alexander Mackenzie (1764–1820). Entdeckte den Mackenzie River (1789) und gelangte über die Rocky Mountains bis zum Pazifik (1792–1793).

☐ **Meriwether Lewis** (1774–1809) und **William Clark** (1770–1838). Erschlossen den Westen mit einer Expedition vom Mississippi bis zur Pazifikküste (1804–1806).

John Charles Fremont (1813–1890). Erforschte Teile des „Wilden Westens“ und öffnete ihn bis nach Kalifornien für nachfolgende Siedler.

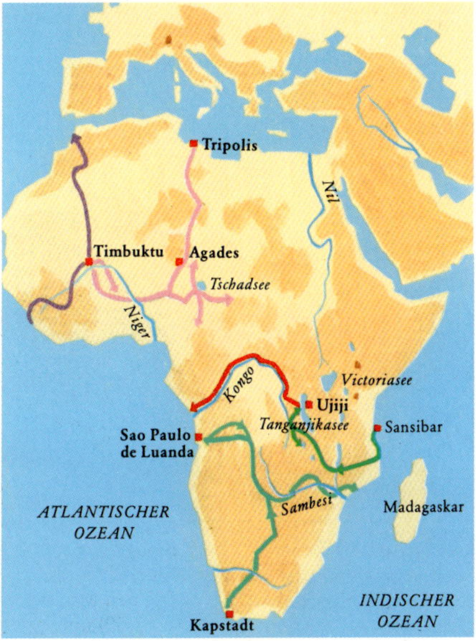

Afrika

Leo Africanus (ca. 1483–1554). Arabischer Reisender und Geograph. Schrieb einen Bericht über Afrika (1550).

Mungo Park (1771–1806). Entdeckte und erforschte als erster Europäer den Niger (1795).

René Caillié (1799–1838). Erreichte Timbuktu am 20. April 1828.

Hugh Clapperton (1788–1827). Forscher in der Sahara, reiste von Tripolis zum Tschadsee (1822–1823).

Heinrich Barth (1821–1865). Erforschte und kartierte große Teile Nordafrikas.

Verney Cameron (1844–1894). Durchquerte Afrika von Sansibar bis zur Küste Angolas (1873–1875).

David Livingstone (1813–1873). Zahlreiche Entdeckungsreisen auf dem afrikanischen Kontinent (1840–1873).

Henry Morton Stanley (1841–1904). Eigentlich Journalist, erforschte und eroberte große Teile des tropischen Afrikas. Mitbegründer von Belgisch-Kongo (Zaire).

Pierre Graf Sarvognan de Brazza (1852–1905). Entdeckungsreisen in Gabun und im Kongo. Nahm den NW-Teil des Kongogebiets für Frankreich ein.

Asien

Semon Ivanow Deschnjow (1605–1673). Erforschte Sibirien und erreichte 1648 die Beringstraße.

Evariste Regis Huc (1813–1860). Reiste in die Mongolei und nach Tibet (1844–1846).

Nikolai Michajlowitsch Prschewalskij (1839–1888). Erforschte das Ussuri-Gebiet (1867–1869), danach in vier Expeditionen Zentralasien.

Francis Garnier (1839–1873). Fuhr den Mekong flußaufwärts, durchquerte die Provinz Yünnan und fuhr den Jangtsekiang hinunter (1866–1868).

Sven Hedin (1865–1952). Erforschte die Länder, Gebirge und Wüsten Innerasiens und überbrachte erstmals genaue Nachrichten über Tibet.

Charles Marie Haardt
Leitete die „Gelbe Kreuzfahrt" quer durch Asien nach Peking.

Charles Marie de La Condamine (1701–1774). Nahm an einer Expedition nach Peru teil (1735–1743) und fuhr dann den Amazonas hinunter (1743–1745).

Alexander von Humboldt (1769–1859). Unternahm verschiedene Forschungsreisen zusammen mit Aimé Bonpland (1799–1804). Expedition auch nach Innerasien (1829).

Charles Darwin (1809–1882). Erforschte 1831–1836 die Natur besonders der Küstenregion Südamerikas, z. B. die Galapagos-Inseln.

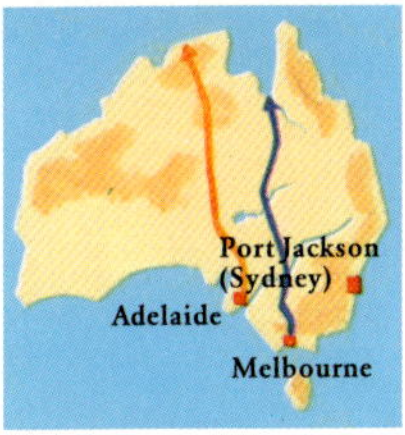

Australien

Charles Stuart (1795–1869). Erste Entdeckungsfahrten in Australien.

Edward John Eyre (1815–1901). Erste Ost-West-Durchquerung Australiens (1841).

Robert O'Hara Burke (1820–1861). Durchquerte als erster Australien von Süden nach Norden (1861/62).

John McDouall Stuart (1815–1866). Reiste auf den Spuren Burkes quer durch Australien.

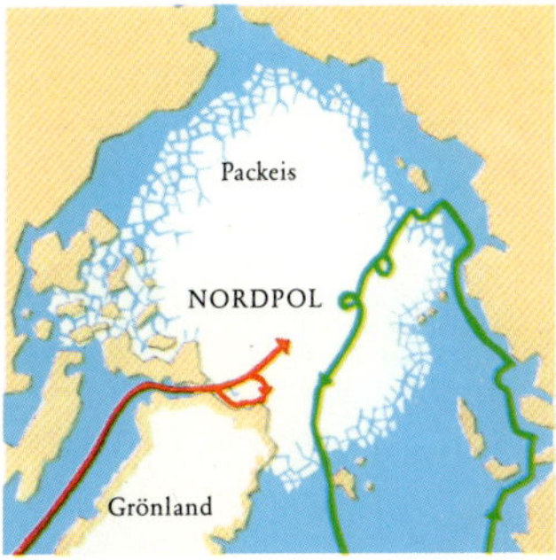

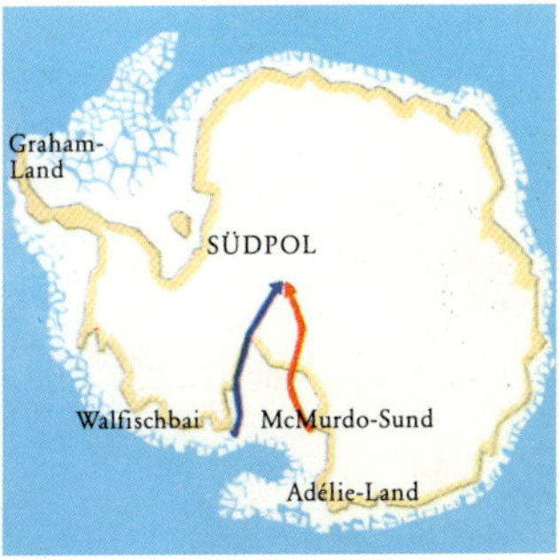

Die Pole

Sir John Franklin (1786–1847). Erforschte Nordkanada. Starb mit seiner Mannschaft auf der Suche nach der Nordwestpassage. Vergeblich suchte man sie.

Fridtjof Nansen (1861–1930). Ließ sich an Bord der Fram im Packeis in die Nähe des Nordpols driften (April 1895).

Adolf Erik Nordenskiöld (1832–1901). Bezwinger der Nordostpassage an Bord der Vega (1878/79).

Sir Ernest Henry Shackleton (1874–1922). Führte 1908 eine Expedition zum Südpol und mußte 200 km vor dem Ziel aufgeben.

Roald Amundsen (1872–1928). Erste vollständige Durchquerung der Nordwestpassage an Bord der Gjöa. (1903–1905). Gewann Wettlauf zum Südpol (14.12.1911).

Robert Edwin Peary (1856–1920). Führte eine Schlittenexpedition an und bewies, daß Grönland eine Insel ist. Behauptete, als erster am 6.4.1909 den Pol erreicht zu haben.

Robert Falcon Scott (1868–1912). Unternahm mehrere Schlittenexpeditionen auf dem antarktischen Kontinent. Erreichte den Südpol am 18.1.1912 und starb auf dem Rückweg.

Herodot von Halikarnassos

Ein Grieche bei den Barbaren

3. Jh. v. Chr.

Zur Zeit Herodots waren die Pyramiden von Gizeh schon über 1000 Jahre alt.

Ägyptischer Schreiber

Sie sind höchst gottesfürchtig, mehr als alle anderen Völker. Sie trinken aus Bronzebechern und spülen sie jeden Tag aus, und zwar tut das jeder ohne Ausnahme. Sie tragen Kleider aus Leinwand, die stets frisch gewaschen sind.

Herodot, Historien

Die Feld- und Gartenfrüchte auf den bemalten Grabwänden begleiteten die Toten ins Jenseits.

Herodot von Halikarnassos wurde um 485 v. Chr. in Kleinasien geboren. Als einer der ersten großen Reisenden verbrachte er viel Zeit damit, die Länder und Völker rund um das Mittelmeer genau zu studieren. In seinem neunbändigen Werk beschrieb er Lebensgewohnheiten und Bräuche. So zeichnete er als erster griechischer Geschichtsschreiber ein ausführliches Bild der damals bekannten Welt aus der Sicht der Griechen im Zeitalter des Perikles.

Fischfang mit Netzen auf dem Nil.

Jedes Jahr verwandelt der Nil das Land:
Wenn nun der Nil das Land überschwemmt, so ragen nur die Städte über dem Wasser hervor, fast wie die Inseln in unserem Aigaiischen Meere. Das ganze ägyptische Land mit Ausnahme der Städte ist offenes Meer.

Herodot, Historien

Bei den Ägyptern

Er schildert sie als das älteste Volk der Erde und rühmt ihre genialen Leistungen als Baumeister und Gelehrte. Die ihm so fremden Gesetze und Bräuche erklärt er sich mit dem anderen Klima. Herodot erzählt von herrlichen Tempeln zu Ehren der Götter und von vielen Priestern, die ihnen dienen. Ihm erscheint Ägypten als ein sehr exotisches Land.

Ein Bewässerungssystem leitet das Wasser nach dem Rückgang der Flut auf die Felder.

Die Nomaden, Stämme der Skythen, wohnten in Asien, als aber die Massageten sie durch Kriege bedrängten, wanderten sie aus, überschritten den Araxes und kamen ins Land der Kimmerier.

Herodot, 4. Buch

Bei den Skythen

Die Schriften Herodots blieben lange die einzige Informationsquelle über die Skythen. Das waren Nomadenvölker zu Pferd, die vom Schwarzen Meer bis nach Olbia (auf Sardinien) vordrangen. Zur Zeit Herodots waren sie bekannt und galten als sehr mächtig.
Die genauen Beschreibungen ihrer Bestattungsriten wurden durch archäologische Ausgrabungen mehr als zwanzig Jahrhun-

Teil eines skythischen Schmucks. Pferd und Reiter waren ein beliebtes Motiv der skythischen Goldschmiede.

Königliches Zepter einer persischen Herrscherdynastie

Die Mauern Babylons:
Als Dareios Herr der Stadt war, schleifte er die Mauern und riß alle Tore ein.

Herodot, 3. Buch

Sumpfbewohner (Euphrat)

derte später bestätigt. Viel ungenauer blieben Schilderungen über Völker am „Rand der Welt“: Wüsten, Sümpfe oder unüberwindliche Bergketten versperrten den Zugang zu ihnen. Um diese unbekannten Gebiete und Völker bildeten sich Mythen. Herodot, auch *Vater der Geschichtsschreibung* genannt, zeigte als erster geschichtliche Zusammenhänge auf: zum Beispiel, warum sich Völker verbündeten oder verfeindeten. Seine Darstellung der Kriege zwischen Griechen und Persern läßt deutliche Unterschiede von Okzident (Westen) und Orient (Osten) erkennen.

Libyen: *Um diese Salzhügel herum, südlich von der Gegend der wilden Tiere, wohnen die entlegensten Völker Libyens, die es nördlich der Wüste gibt.*

Herodot, 4. Buch

Nubien

Nubien liegt südlich der ersten Nilstromschnelle bei Assuan.

Hsüan-Tsang

Die Abenteuer eines Chinesen in Indien
629–645

Der Weg nach Westen ist voller Gefahren.

Sämtliche Inder sind in sieben Kasten gesondert. Eine von diesen sind die Weisheitslehrer, die an Zahl hinter den anderen zurückstehen, aber an Ruhm und Ehre die angesehensten sind.

Arrian

Pilgernder chinesischer Mönch mit seinem Kakkhara (Stecken) und den Sutren (Handschriften).

Der Buddhismus erreichte China mit den Karawanen, die über die Seidenstraße kamen. Seine Blütezeit war dort vom 6. bis 8. Jahrhundert. Damals gab es junge Mönche, die lange Pilgerreisen nach Indien wagten. Der berühmteste dieser Reisenden, Hsüan-Tsang, machte sich mit 26 Jahren auch auf den Weg. Er sollte erst 17 Jahre später zurückkehren, nachdem er an die 30 000 km bewältigt und unzählige Gefahren überstanden hatte. So wäre er beinahe in der Wüste Gobi verdurstet.

Auf der Seidenstraße

Hsüan-Tsang reiste zunächst durch die von Menschen überfüllten Oasenstädte der Seidenstraße. So gelangte er nach Samarkand, durchwanderte Afghanistan, machte Station in Kaschmir und erreichte schließlich Indien. Beinahe überall empfingen ihn die ansässigen Fürsten freundlich. Beeindruckt von seiner stattlichen Erscheinung und seiner Klugheit, überschütteten sie ihn mit Geschenken und gaben ihm meist prunkvolles Geleit.

Chörten: heilige Stätten. Hier mit Gebetsfahnen, die im Wind flattern.

Er studierte bei den größten Meistern in Nalanda (Bihar), dem Zentrum der buddhistischen Welt, und kehrte dann nach China zurück, wo er begeistert empfangen wurde. Wieder daheim, übersetzte er kostbare heilige Schriften, die er von seiner Reise mitgebracht hatte, ins Chinesische und hielt in Berichten seine spannenden Erlebnisse fest.

Riesige in den Fels gemeißelte Buddhastatue

Wilhelm von Rubruk

Ein Franziskaner bei den Mongolen
1253–1255

König Ludwig der Heilige

Zur Regierungszeit Ludwigs des Heiligen wurde Europa im Osten von mongolischen Horden bedroht. Im Süden scheiterten die französischen Ritterheere bei einem der letzten Kreuzzüge im Heiligen Land. Der französische König suchte nach Verbündeten gegen den Islam und hoffte, sie in den Mongolen zu finden. Deshalb schickte er einen Boten an den Hof des Großkhans: den Franziskaner Wilhelm von Rubruk. Bei seinen Reisevorbereitungen konnte er sich auf die Bücher des vor ihm gereisten Giovanni de Carpini, eines Papstbotschafters, stützen. Wilhelm brach im Frühjahr 1253 in Frankreich auf und durchquerte die endlosen Steppen nördlich des Schwarzen

Meers. Am Hof des Mongolenfürsten faszinierte den Reisenden alles: „Als ich zu ihnen kam, schien es mir, als beträte ich eine andere Welt.“

Ein kostbarer Augenzeugenbericht

Rubruks Mission erwies sich als Fehlschlag, denn das geplante Bündnis kam nicht zustande. Doch kehrte er mit wertvollem Wissen zurück, das er in einem lebendigen Bericht, dem *Itinerarium*, niederschrieb. Nun konnte man sich genauer die Geographie West- und Zentralasiens und die Sitten und Gebräuche seiner Bewohner vorstellen.

Als ich nun das Zeltlager Batus sah, war ich ganz erstaunt. Denn seine eigenen Jurten machten auf mich den Eindruck einer weithin in die Länge ausgedehnten Stadt.

Wilhelm von Rubruk

In dieser Jahreszeit ging man dort bereits über Eis.

Wilhelm von Rubruk

Chinesisches Schriftzeichen

Marco Polo

Ein Venezianer entdeckt China
1272–1295

Venezianische Segelschiffe beim Ankerlichten

Es gilt als wohlbekannte Tatsache, daß diese Wüste vielen bösen Geistern zum Aufenthalt dient, die den Reisenden allerlei sonderbares Blendwerk zu ihrem Verderben vorführen.

Marco Polo

Die Reise nach China

Im Jahr 1272 brach der 17jährige Marco Polo zu einer langen Reise ans Ende der Welt auf. Dabei begleitete er seinen Vater Nicolò und seinen Onkel Maffeo, zwei venezianische Kaufleute, auf ihrer zweiten Reise nach Kathai (China) an den Hof des Großkhans. Auf der vorhergehenden Reise hatte der Khan diesen zwei Kaufleuten einen Brief für den Papst mitgegeben. Seither waren die alten Handelsstraßen auch für Christen wieder offen. Denn eine große Horde Mongolen hatte ca. 50 Jahre zuvor Asien verwüstet, uralte Königreiche zerstört und lange Zeit die Wege unsicher gemacht.

Auf den Karawanenstraßen

Die drei Reisenden konnten also die Karawanenwege benutzen, die sie durch die Wüste Kerman, über das Badakshan-Gebirge, die hohen Pässe Kaschmirs, durch die Wüste Gobi und die unendlichen Steppen der Mongolei nach Kambaluk (Peking) zum Großkhan Khubilai führten.

Wenn man diese zwölf Tagesreisen hinter sich hat, muß man noch weitere vierzig Tage in derselben Richtung wandern, muß Berge, Täler und viele Flüsse überschreiten, ohne eine Hütte oder etwas Grün zu sehen.

Marco Polo

Yaks:
Hier findet man viele wilde Rinder, die an Größe den Elefanten gleichen; sie haben eine schöne Farbe, schwarzweiß gefleckt.

An diesen Flüssen sowie in ihrer Umgebung gibt es viele Städte, und die Zahl der Schiffe, die Warenladungen zur Hauptstadt bringen, ist groß.

Marco Polo

Der Aufenthalt in China

In Kambaluk angekommen, wurden die drei Reisenden von Khubilai Khan empfangen. Dieser erkannte bald Marco Polos besondere Begabungen. Deshalb schickte er ihn mit zahlreichen Aufträgen in die verschiedenen Provinzen seines Reiches. Wie alle venezianischen Reisenden war Marco Polo in erster Linie Kaufmann. So faszinierte ihn in China vor allem der Reichtum der Städte und ihr lebhafter Handel. Er begeisterte sich für den Gebrauch des Papiergelds und für die Kohle, den Stein, der brennt. Das Postsystem mit ungefähr 200 000 Pferden bewunderte er. Boten ritten über kühn geschwungene Brücken, unter sich die breiten Flüsse mit beinahe unzähligen Dschunken.

Am Hof des Khubilai Khan nahm Marco Polo an prunkvollen Feiern und Banketten teil. Mit Hunderten von Treibern und Gästen ging man auf Jagd. Überwältigt von den Herrlichkeiten des bis dahin unzugänglichen Ostens, wurde Marco Polo zu einer Art Botschafter dieser unbekannten Wunderwelt.

Die Boten des Khans: *An jeder Station stehen vierhundert tüchtige Pferde bereit, so daß alle Boten des Kaisers und alle Gesandten dort einkehren und ihre Pferde wechseln können.*

Marco Polo

In diesen Gebäuden waren viele Springbrunnen mit klarem, frischem Wasser zu sehen; an anderen Orten wiederum flossen ganze Bäche von Wein, Milch und Honig.

Marco Polo, Von Venedig nach China

Einer der „Weinbrunnen", die Marco Polo am Hof des Großkhans so bewunderte

Die Heimkehr

Die drei Venezianer hatten dank der Gunst des Großkhans ein Vermögen angehäuft. Was war aber, wenn er starb? Also tauschten sie ihr Vermögen gegen Edelsteine ein und nutzten die erste Gelegenheit, die sich ihnen bot, das Land zu verlassen: Sie erhielten den Auftrag, eine mongolische Prinzessin nach Persien zu begleiten. Dort sollte sie verheiratet werden. Die weitere Rückreise war lang und beschwerlich. Als Bettler verkleidet, durchwanderten sie den vom Krieg verwüsteten Mittleren Orient.

Gefangener der Genuesen

Marco Polo beteiligte sich kurz nach seiner Rückkehr am Krieg zwischen Venedig und Genua, den Venedig verlor. In Gefangen-

Chinesische Dschunke

schaft der Genuesen diktierte er seinem Mitgefangenen, Rusticiano von Pisa, den Bericht über seine Reisen, der in verschiedene Sprachen übersetzt wurde. Von Columbus wissen wir, daß er ein Exemplar von Marco Polos *Beschreibung der Welt* bei sich hatte, als er einen neuen Seeweg nach Indien suchte. Statt dessen entdeckte er Amerika. Nach dem verheißungsvollen Zipangu, wie Marco Polo Japan genannt hatte, wurde bis ins 16. Jahrhundert immer wieder gesucht.

Zipangu ist eine sehr große Insel im östlichen Ozean, etwa fünfzehnhundert Meilen vom Festland... Die Einwohner der Insel haben eine helle Gesichtsfarbe und gute Sitten.

Pfefferernte:
Man sammelt ihn während der Monate Mai, Juni und Juli, und die Bäume, die ihn liefern, werden in Plantagen gezogen.

Perlenfischerei und Edelsteinsuche für den Großkhan:
Auf der Insel Zipangu gibt es auch sehr viele Perlen, die rot, rund und sehr groß sind; diese erzielen einen noch höheren Preis als die weißen Perlen.

Marco Polo

Ibn Battuta

Der unermüdliche islamische Reisende
1325–1354

Dau (arabischer Zweimaster)

Eine Festungsstadt im Mittelalter:
Die Stadt Basra ist eine der Hauptstädte von al-Irak, berühmt in aller Welt.
Ibn Battuta

Wie fast alle seine gebildeten arabischen Zeitgenossen, unternahm dieser junge Marokkaner 1325 eine Pilgerreise nach Mekka. Er war 20 Jahre alt und sehr neugierig. Fast 30 Jahre vergingen, bis er seine Geburtsstadt Tanger wiedersah, am Ende einer Reise, die ihn an die Grenzen der islamischen Welt, vom Roten Meer bis nach Sansibar, von Persien bis nach Indien, von China bis nach Sumatra und von Spanien bis in die größte Wüste der Welt, die Sahara, führte.

Heute Botschafter, morgen Schiffbrüchiger

Das Schicksal des Ibn Battuta, reich an Abenteuern und Prüfungen, ist eines Hel-

den aus Tausendundeinernacht würdig: Nacheinander Pilger in Arabien, Berater und Botschafter des Sultans von Delhi, Schiffbrüchiger, Richter auf den Malediven, Gefangener, oft verheiratet und wieder geschieden, erlebte er Ehre und Schande, Reichtum und bitterste Armut. Immer wieder gelang es ihm durch seine Gelehrsamkeit und Erzählkunst, die Gunst der Herrschenden zu gewinnen.
Manchmal folgte Ibn Battuta Marco Polos Spuren, doch sah er viel mehr Länder. Er reiste mehrere 100 000 km und hinterließ mit seinen Berichten der Nachwelt ein unschätzbares Zeugnis der kulturellen und wirtschaftlichen Verbindungen zwischen Arabien, den afrikanischen Küsten und dem Fernen Osten.

Gastfreundschaft im Filzzelt

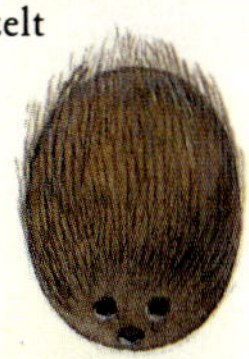

Die Kokosnuß hat Ähnlichkeit mit einem menschlichen Kopf, besonders, wenn man ihre Vertiefungen aushöhlt.

Arabische Pilger

Vasco Nuñez de Balboa

Konquistadoren an der Küste eines neuen Ozeans
1513

Die Konquistadoren schlagen sich mühsam durch undurchdringlichen Urwald.

Wie Christoph Columbus waren die Konquistadoren auf dem amerikanischen Kontinent gelandet. Nuñez de Balboa leitete mit eiserner Faust eine kleine Siedlung (Kolonie) am Golf von Darien. Den Eingeborenen hatte er unerbittlich all ihr Gold abgepreßt, und die Vertreter des spanischen Hofs waren unterwegs, um seine Abrechnungen zu prüfen. Um Gouverneur bleiben zu können, mußte er eine glänzende Tat vollbringen.

Das Schicksal der Indianer, wenn sie sich widersetzten: Bluthunde zerrissen sie bei lebendigem Leib.

Das ausgedehnte Festland haben unsere spanischen Landsleute durch ihre Greuel und gottlosen Taten entvölkert und verheert.

Bartolomé de Las Casas (1474–1566)

In Gewaltmärschen durch den Urwald

Balboa hatte durch einen Indianerhäuptling von einem „riesigen Meer im Süden" gehört. Am 1. September 1513 brach er mit 186 Mann zu einer Expedition auf. In Gewaltmärschen – plündernd und mordend – bahnte sich der Trupp einen Weg durch den Urwald. Am 27. September erblickte Balboa am Horizont ein grenzenloses Meer: den Pazifischen Ozean.

Am 29. September 1513 nahmen Balboa und 26 seiner Gefährten Besitz von diesem Meer.

Francisco de Orellana

Die Suche nach dem sagenhaften El Dorado
1539–1542

Goldfigurine
(Kolumbien)

Der Mythos vom El Dorado (span. hombre dorado: „der vergoldete Mensch“) basiert auf einem Ritus der indianischen Kultur der Chibcha: Dort wurde der König vollständig mit Goldpuder bestäubt und sprang dann von einem Floß in den Guatavita-See. Er symbolisierte so den Lauf der Sonne, die in den östlichen Bergen auf- und im Pazifik unterging.

1539 brach eine Expedition unter der Leitung von Gonzalo Pizarro, dem Bruder des Inkareich-Eroberers, weiter nach Osten auf: Sie wollte neben dem El Dorado auch das Land der Zimtwälder entdecken. Zimt war damals ein kostbares Gewürz. Mit überladenen Wagen, unglaublich vielen indianischen Trägern, Maulesel- und Lama-Karawanen ging es endlich los.

Sie gingen wie im Traum

Nachdem sie die letzten Ausläufer der Anden hinter sich gelassen hatten, betraten sie den undurchdringlichen Urwald. Die Regenzeit begann. Krankheiten brachen aus, und viele starben. Andere folgten ihrem Ziel – durch die Anstrengungen geschwächt – wie in Trance. Besessen waren sie nur von einer Idee: das sagenhafte El Dorado zu finden ... Im Dezember 1541 beauftragte der völlig entkräftete Pizarro dann Francisco de Orellana, mit einer kleinen Gruppe den Weg fortzusetzen.

In der Urwaldhölle

Orellana, der Einäugige, ließ Indianer foltern, um ihnen das Geheimnis des sagenhaften Landes zu entreißen. Doch diese schickten ihn immer weiter in die Urwaldhölle. Schließlich fuhr er den Marañon hinunter und gelangte an einen riesigen Fluß: den Amazonas.

Orellana erreichte die Mündung eines riesigen Flusses am 26. August 1542. Er nannte ihn „Rio de Amazonas“.

Francisco de Orellana glaubte, mit Kriegerinnen (Amazonen) zu kämpfen. Es waren jedoch Männer mit langen Haaren und rundlichen Körpern.

Die Frauen sind sehr hellhäutig und groß und tragen sehr langes Haar, das sie geflochten und um den Kopf gewickelt haben. Sie sind sehr kräftig und gehen ganz nackt, wobei allerdings ihre Schamteile bedeckt sind. In den Händen tragen sie ihre Pfeile und Bogen, und sie leisten im Kampf so viel wie zehn Indianermänner.

Carbajal
(Gefährte Orellanas)

Pedro de Valdivia

Der Eroberer Chiles
1540–1553

Terrakottafigurine aus Peru

Während Pizarro den Süden Perus regierte, blieb es seinen Offizieren überlassen, sich ihre *eigenen* Reiche zu erobern. Im Jahr 1535 führte Diego de Almagro eine Expedition in den Süden. Doch es gab nicht viele Überlebende: Wer nicht auf den eisigen Pässen der Anden erfroren war, verdurstete später in den öden Weiten der Atacama-Wüste. Darauf versuchte Pedro de Valdivia sein Glück. Er nahm 1540 dieselbe Route, vorbei an den gebleichten Skeletten der Soldaten Almagros, und erreichte die Pazifikküste. In einem grünen, mit Mandelbäumen bestandenen Tal gründete er die Stadt Valparaiso (Paradiestal) und später im Landesinneren Santiago del Nuevo Extremo (St. Jakob am Ende der Welt), heute Santiago de Chile.

Über Berggipfeln schwebt der Kondor, heiliger Vogel der Inka.

Von seinen Feinden lebend gegessen

1548 setzte Valdivia seinen Eroberungszug nach Süden fort und drang in das Gebiet der Araukaner ein. Diese wilden Krieger wollte er durch Brutalität besiegen. Gefangene schickte er mit abgehackten Händen und Füßen zu ihrem Stamm zurück. Doch solche Grausamkeiten erhöhten die Kampfbereitschaft der Araukaner. Angeführt von ihrem Häuptling Colocolo, griffen sie die spanischen Festungen an. Valdivia wurde gefangengenommen und soll von seinen Feinden lebend aufgegessen worden sein. Der spanischen Krone hinterließ er ein riesiges Reich: Chile.

Valdivias Expedition in die Kordilleren: 150 Spanier, mehr als 10 000 indianische Träger, Handwerker sämtlicher Berufe, Hunderte von Lamas, Pferden und Maultieren, ganze Rinderherden, Schweine, Geflügel . . . Die Entdeckung, Eroberung und Kolonisation des Landes geschah fast gleichzeitig.

Hernando de Soto

Ein Spanier auf dem Mississippi
1539–1542

Als die Spanier durch die Sümpfe Floridas wateten, waren Alligatoren und giftige Schlangen nicht die einzigen Gefahren: Die dort heimischen Seminolen verteidigten ihr Land gegen die Eindringlinge.

Hernando de Soto war ein Waffenkamerad Pizarros und gierte nach Ruhm und Gold. Peru und Mexiko waren schon erobert. Übrig blieben noch die geheimnisvollen Gebiete nördlich davon. 1539 ging er mit einer schwerbewaffneten Armee in Florida an Land und erreichte nur mühsam das Appalachengebirge. Nach heftigen Kämpfen mit den Seminolen geriet die Truppe

Gut gepanzert und schwer bewaffnet, besiegten die Spanier rasch die Indianer.

auf das Gebiet der Comanchen, einem kriegerischen Indianerstamm. Trotzdem konnte sie den Mississippi (indianisch: „Vater der Flüsse“) erreichen und errichtete dort 1542 ein Feldlager.

Ein schwimmendes Grab

Doch die Hoffnungen der Eroberer wurden bitter enttäuscht: Das Land barg weder Gold noch andere märchenhafte Schätze. Entmutigt machten sich die Spanier auf den Rückweg, als plötzlich de Soto starb. Aus Angst, daß seine Leiche von den Indianern geschändet werde, bargen sie ihn in einem ausgehöhlten Baumstamm und warfen ihn mitten in die Strömung des Mississippi.

Ein Pueblo, eines dieser indianischen Felsendörfer, in denen die Spanier Schätze vermuteten.

Spanische Reiter in New Mexico. Das Pferd war in Amerika vor der Ankunft der Konquistadoren unbekannt.

René Robert Cavelier de La Salle

Von Kanada nach Louisiana · 1681–1682

Mitten im Wald ein kleines Indianerfort, Treffpunkt der Indianer, Trapper und Pelzhändler

Seit der Gründung der Stadt Quebec durch Samuel Champlain im Jahr 1608 kamen viele Franzosen nach Neu-Frankreich (Kanada), um ihr Glück hier zu versuchen. René Robert Cavelier de La Salle wurde schnell ein echter „Kanadier": Er sprach verschiedene Indianersprachen und bereiste zu Fuß oder im Kanu riesige Gebiete auf der Suche nach neuen Wegen für den Pelzhandel. Auf

Flamingo aus dem Mississippi-Delta

Ein Indianer, der das Kalumet (die Friedenspfeife) raucht.

Das Kanu der Indianer: schnell, geräuschlos, ein ideales Boot, um durch unberührte Gebiete zu fahren.

seinen Entdeckungsfahrten gelangte er bis zu den Großen Seen und nach Ohio, in die Heimat der Irokesen. Gegen sie verbündete er sich mit anderen Stämmen im Namen König Ludwigs (Louis) XIV. von Frankreich.

Die Fahrt auf dem Mississippi

Ende 1681 fuhr der machtgierige Franzose mit 20 Gefährten und einer Gruppe Mohikaner den Mississippi hinunter. Sie erreichten am 6. April 1682 das Delta; am 9. April beanspruchte La Salle im Namen des Königs dieses – von Indianern bewohnte – Gebiet und nannte es Louisiana.

Eines der Forts der Europäer in Nordamerika an den Grenzen zum Indianergebiet.

Sir Alexander Mackenzie

Ein Schotte im hohen Norden Kanadas
1789–1793

Ein Trapper

Im Norden Amerikas entwickelte sich mit der Entdeckung unbekannter Gebiete ein schwunghafter Pelzhandel. Bald entzündete sich zwischen den einzelnen Händlern und der Hudson Bay Company, Nordamerikas ältester Handelsgesellschaft, ein „Pelzkrieg“. Mackenzie, ein junger Kanadier schottischer Abstammung, war Bevollmächtigter der Bay Company. 1789 befehligte er ein kleines Fort am Athabasca-See an der Grenze zum „Niemandsland“. Er wollte einen Wasserweg Richtung Westen suchen, um dem Pelzhandel die Handelsstraßen Asiens zu erschließen.

Der „Fluß der Enttäuschung“

Am 3. Juni 1789 verließ Mackenzie mit einer Handvoll Männern in Kanus das Fort, um über Flüsse und Seen einen Weg zur Westküste Alaskas zu finden. Doch der Fluß, auf dem er sich befand, bog nach Norden ab. Am 14. Juli kam er schließlich beim Nordpolarmeer heraus; eine

herbe Enttäuschung: Er taufte den Fluß (der später nach ihm benannt wurde) Disappointment River. Trotzdem ließ er sich nicht entmutigen und brach im Oktober 1792 zu einer neuen Expedition auf. Dieses Mal fand er den Weg zum Pazifik, den er am 22. Juli 1793 erreichte. Damit war er der erste Europäer, der den Kontinent nördlich des Golfes von Mexiko von einem Ende zum anderen überquert hatte.

Der hohe Norden Kanadas: ein riesiges Wildreservat für Trapper

Bei der Überquerung der Rocky Mountains mußten Mackenzie und seine Kameraden reißende Sturzbäche überwinden.

Lewis und Clark

Vom Mississippi zum Pazifik
1804–1806

Im Kanu durch die Cañons

Anfang des 19. Jahrhunderts war ein großer Teil Nordamerikas noch unbekanntes Land. Nur Trapper wagten sich in Gebiete östlich des Missouri. Thomas Jefferson, der dritte Präsident der Vereinigten Staaten, veranlaßte eine Expedition, denn er wollte eine Verbindungsroute zwischen Mississippi und Pazifik suchen lassen. Ihn interessierte eine genaue Beschreibung (Topographie) dieser unendlichen Weiten, um sie wirtschaftlich ausbeuten zu können.

Die US-Captains Meriwether Lewis und William Clark wurden für diese Mission bestimmt. Im Oktober 1804 begegnete der kleine Trupp dem kanadisch-französischen Pelzhändler Tous-

Krieger der Mandan. Im Gegensatz zu den Schwarzfuß-Indianern (Blackfoot) waren die Mandan den Weißen freundlich gesinnt. Trotzdem wurden sie umgebracht.

Mandan-Dorf (Indianerstamm aus Missouri) im Schnee

saint Charbonneau und seiner indianischen Gefährtin Sacajaewa, zwei unersetzliche Führer auf der weiten Reise. Nach der Überwindung der Rocky Mountains gelangte die Gruppe über die Flüsse Snake und Columbia zum Pazifischen Ozean. Für den Rückweg teilte man sich in zwei Teams auf, die sich erst nahe der Yellowstone-Mündung wieder trafen. Der Weg nach Westen war nun für Pioniere offen. Bald begann auch dort die Vertreibung der Indianer.

Durch die Vermittlung Sacajaewas konnte die Expedition vom Stamm der Shoshonen Pferde für die Überquerung der Rocky Mountains bekommen.

Charles M. de La Condamine

Ein französischer Gelehrter auf dem Amazonas
1743

Ritt durch ein peruanisches Dorf

Wieder in Paris, schrieb La Condamine einen Artikel über den Kautschuk (1751).

Im Zeitalter der Aufklärung lockte nicht mehr Gewinnsucht, sondern wissenschaftliche Neugier die Gelehrten bis ans Ende der Welt. So schickte die Akademie der Wissenschaften in Paris zwei Expeditionen nach Lappland und zum Äquator; die eine, um die genaue Form der Erde zu bestimmen, die andere, um Länge und Lage des Äquators herauszufinden. Im Mai 1735 schifften sich der Naturforscher Jussieu und drei Mitglieder der Akademie nach Peru ein. La Condamine, ein leidenschaftlicher Mathematiker, Physiker und Arzt, war einer von ihnen.

In Quito angekommen, machten sie sich an ihre Arbeit: Fast sieben Jahre verbrachten sie mit Messen und Beobachten.

Im Labyrinth von Amazonien

1743 kehrten die Expeditionsmitglieder auf verschiedenen Wegen wieder zurück. La Condamine, der bereits mehrere Vulkane in den Anden bestiegen hatte, nahm sich vor, den Amazonas hinunterzufahren, um eine Karte seines Wassernetzes anfertigen zu können. Auf dieser gefährlichen Flußfahrt entdeckte er, daß die beiden großen Becken des Amazonas und des Orinoco durch ein Labyrinth von Nebenflüssen miteinander verbunden sind. Nach einer zweimonatigen Reise durch die „grüne Hölle" erreichte er am 27. September gesund und zufrieden Guayana. Über seine Fahrt und seine Beobachtungen schrieb er einen bedeutenden Reisebericht.

Indianer mit dem Blasrohr auf Jagd. In Amazonien studierte La Condamine verschiedene Pflanzengifte, darunter das Curare, mit dem manche Stämme ihre Pfeilspitzen vergiften.

Missionsstation am Ufer des Amazonas

Humboldt und Bonpland

Eine Wiederentdeckung Amerikas
1799–1804

Schlammvulkane in Turbaco

Am 16. Juli 1800 gingen Alexander von Humboldt und sein Freund Aimé Bonpland im venezolanischen Cumaná an Land. Für diese beiden jungen Wissenschaftler begann hier ein Abenteuer, das sie über den Amazonas-Urwald nach Kuba und von Cartagena über die Vulkane Perus bis zu den Ruinen der Aztekenkultur in Mexiko führen sollte: eine Wiederentdekkung Amerikas, der sich die Freunde mit Leidenschaft widmeten.

Unerschrockene Gelehrte

In einem Einbaum fuhren sie den Orinoco hinunter und wären mehrmals fast ertrunken. Der feuchten Hitze im Regenwald, den Moskitos und den umherschleichenden Raubtieren zum Trotz führten sie ihre Beobachtungen und Messungen durch. In Peru hangelten sie sich auf halsbrecherischen Hängebrücken über schwindelerregende Abgründe, überquerten feuchte

2 250 km in einem engen Einbaum

Gebirgspässe und trotzten den Belastungen des Höhenklimas. Humboldt wurde sogar zum geübten Bergsteiger, denn er wollte die Krater der Vulkane aus der Nähe untersuchen, zum Beispiel den 5 897 m hohen Cotopaxi.
Nach seiner Heimkehr erwarb sich Humboldt die Hochachtung aller europäischen Wissenschaftler. Er veröffentlichte viele Werke, darunter eine bemerkenswerte Darstellung Amerikas, in der zum ersten Mal sämtliche vorliegenden Erkenntnisse über einen ganzen Kontinent zusammengetragen waren.

Cacajao-Affe
(Kurzschwanzaffe)

Bei Sonnenaufgang stimmten unsere gefangenen Affen in das Geschrei der Affen im Walde ein.

Alexander von Humboldt

Humboldt und Bonpland sammeln Pflanzen in Mexiko.

Charles Darwin

Eine Reise ins Dunkel der Geschichte
1831–1836

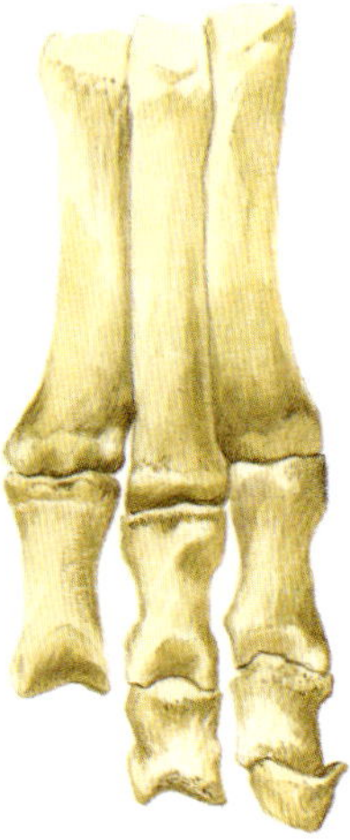

In Punta Alta gefundene Knochen

Am 27. Dezember 1831 stach der britische Zweimaster *Beagle* zu einer Forschungsreise rund um die Welt in See. An Bord war der 22jährige Naturforscher Charles Darwin. Schon bei den ersten Landgängen zeigte sich seinc außergewöhnliche Beobachtungsgabe.

Bei den Gauchos

In Amerika reiste er oft sehr weit ins Landesinnere, in den Urwald am Äquator oder in die argentinische Pampa, wo er einige Zeit bei den Gauchos lebte. Er interessierte sich für alles. In Patagonien fand er Fossilien, die ihn weit in die Vergangenheit führten. In den Anden entdeckte er verstei-

Nandujagd in der argentinischen Pampa

nerte Wälder und fand in Höhen von über 4 000 m Muschelschichten, deren Entstehung er sich nur durch riesige Bewegungen der Erdkruste erklären konnte. Auf den Galapagos-Inseln erkannte er, daß ein und dieselbe Tierart ganz verschiedene Entwicklungswege nehmen kann. Davon ausgehend erarbeitete er seine berühmte Evolutionstheorie, die er 1859 in seinem Werk *Von der Entstehung der Arten* veröffentlichte. Sie stellte auf revolutionäre Weise die biblische Darstellung über die Entstehung der Erde und des Menschen in Frage.

Meerechse von den Galapagos-Inseln. Auf dieser Inselgruppe findet man auch Landechsen. Von Insel zu Insel weisen dieselben Tierarten ausgeprägte Unterschiede auf. Darwin sah darin eine Anpassung an verschiedene Klima- und Lebensbedingungen.

Die vor Anker liegende *Beagle*

René Caillié

Das Trugbild von Timbuktu
1828

Der Naturforscher Michel Adanson beschrieb um 1750 als erster den Affenbrotbaum, von den Arabern Baobab genannt.

Zu Beginn des 19. Jahrhunderts war Timbuktu die geheimnisumwobene Hauptstadt eines alten afrikanischen Königreichs, dessen legendärer Reichtum gerühmt wurde. Europäer hatten zu dem muslimischen Heiligtum keinen Zutritt.
Der Engländer Gordon Laing, dem es am 18. April 1826 gelungen war, die „verbotene Stadt“ zu betreten, wurde brutal ermordet. Nun setzte es sich der Franzose René Caillié in den Kopf, dorthin zu gelangen, koste es, was es wolle.

Als Araber verkleidet

Im senegalesischen Saint-Louis lernte er Arabisch und übte sich in den Praktiken des Islam. Dann unternahm er unter schlimmsten Strapazen eine erste Erkundungsreise.

Überfall der Tuareg:
Die Furcht vor ihrer Macht geht sogar so weit, daß die Anwesenheit von drei oder vier Tuareg genügt, um gleich mehrere Dörfer in Schrecken zu versetzen.
René Caillié

Das Ufer des Niger

Im April 1827 schloß er sich, als Araber verkleidet, einer Karawane an, die zum Niger wollte. Beraubt, geschunden, zum Bettler gemacht und an Skorbut erkrankt, erreichte Caillié schließlich am 20. April 1828 Timbuktu.
Doch seine Vorstellungen von Größe und Reichtum der Stadt entsprachen nicht der Wirklichkeit: Caillié fand nur eine Ansammlung schmutziger Lehmhäuser. Mit einer Karawane der Tuareg, die ihn wie einen Sklaven behandelten, gelangte er mehr tot als lebendig nach Tanger zu seinem Konsulat. Von dort aus wurde er wieder nach Hause geschickt.

Die Städte am Niger besitzen eine eigene Architektur. Die Häuser aus getrocknetem Lehm sind dem Klima angepaßt.

Ein Fulbe aus Westafrika

Heinrich Barth

Ein deutscher Archäologe in Zentralafrika
1850–1855

Barth entdeckte in der Sahara Felsenzeichnungen, die beweisen, daß die Wüste einst fruchtbar war.

Am 24. März 1850 verließ eine kleine Karawane Tripolis in Richtung Wüste. Die von James Richardson angeführte Expedition hatte den Auftrag, die Sahara und den Sudan zu erforschen. Ein junger Gelehrter, Heinrich Barth, nahm als Wissenschaftler daran teil. Er sprach Arabisch und war ein guter Islam-Kenner. Das war sehr nützlich in einer Gegend, zu der Christen keinen Zutritt hatten.

Mit den Sklavenjägern

Barth war sehr höflich und gebildet, was ihm die Gunst manches reichen Fürsten einbrachte. Und obwohl er die

Sehr selten wagte sich ein Europäer in die Sahara, das „Binnenmeer" der Araber.

Sklavenhandel zwischen einem Dorfältesten und Arabern in Schwarzafrika.

Quelle ihres Reichtums, die Sklaverei, bekämpfen wollte, retteten die Fürsten ihm mehrmals durch ihren Schutz das Leben. Barth besuchte Agadès, das Bornu-Reich südwestlich des Tschadsees und schließlich Timbuktu. Dort blieb er sieben Monate lang. Durch von Kriegen und Plünderungen verwüstete Gebiete kehrte er nach Tripolis zurück, wo er am 28. August 1855 ankam. Sein Reisetagebuch ist von unschätzbarem Wert.

In der Zeit, als Barth sich in Bornu aufhielt, bröckelte bereits die Macht des Reiches. Doch der alte Prunk blieb erhalten und wurde durch eine Reiterarmee verteidigt.

Audienz beim Sultan von Bornu

David Livingstone

Ein Missionar im unerforschten Herzen Afrikas
1840–1873

Im Jahr 1840 setzte der junge protestantische Missionar David Livingstone zum ersten Mal seinen Fuß auf afrikanischen Boden. Von nun an verbrachte er sein Leben damit, diesen riesigen Kontinent zu bereisen, dessen innere Gebiete noch ein weißer Fleck auf der Landkarte waren. Die Durchquerung der Kalahari-Wüste 1845 und des südlichen Afrikas 1852 waren seine ersten bedeutenden Forschungsreisen. 1855 war er der erste Europäer, der die Victoriafälle des Sambesi zu Gesicht

Die Victoriafälle

bekam. Sein Ansehen wuchs so sehr, daß er bald eine Expedition finanzieren konnte (1858–1864), die sich gegen den Sklavenhandel richtete und in deren Verlauf er den Njassasee entdeckte. 1866 führte ihn erneut eine Reise nach Tanganjika, wo er die Nilquellen zu finden hoffte.

Historische Begegnung mit Stanley

Während er in Europa als verschollen galt, machte sich der Amerikaner Stanley auf die Suche nach ihm. Er fand ihn, schwer krank, am 30. Oktober 1871 in Ujiji am Tanganjikasee. Livingstone starb 1873 auf der Suche nach den Nilquellen.

Gnuherde. Wie alle Entdecker war Livingstone fasziniert vom Artenreichtum der afrikanischen Tierwelt.

„Dr. Livingstone, wie ich vermute?“
„Ja . . .“
„Ich danke Gott, Herr Doktor, daß es mir gestattet ist, Sie zu sehen.“
Henry Morton Stanley

Im Einbaum auf einem See: Man muß sich vor scheuen Nilpferden in acht nehmen.

Henry Morton Stanley

Ein New Yorker Journalist wird zum Entdecker
1871

Als Henry Morton Stanley am 21. März 1871 aufbrach, um Livingstone zu suchen, war er schon als reisender Journalist bekannt. Das war auch der Grund, warum die Tageszeitung *New York Herald Tribune* ihm diesen aufsehenerregenden Auftrag und großzügig Geld gab. Doch kaum hatte Stanley den schwarzen Kontinent betreten, spürte er seine Berufung zum Entdecker.

Im Unterschied zu Livingstone verfügte Stanley über beachtliche Geldmittel und verlangte von seinem Expeditionstrupp, der aus Eingeborenen bestand, militärische Disziplin. In seinen Reiseberichten erwähnte er immer seine Geldgeber: Das Zeitalter der Pioniere ging zu Ende. An seine Stelle trat das Zeitalter der Sponsoren und Medien.

Gefährliche Fahrt auf dem Kongo

Mit Zustimmung seiner Zeitung beschloß Stanley, seine Forschungsreise in Äquatorialafrika fortzusetzen. So kam er zum Albert-, Victoria- und Tanganjikasee. Über dessen Abfluß, den Lukuga, erreichte er einen mächtigen Strom. Diesen fuhr er – von zahlreichen Afrikanern begleitet – im Einbaum hinunter. Gewitter, Stromschnellen und Angriffe von Kannibalen mußten sie bestehen, bevor sie am 12. August 1877 an die Mündung in den Atlantik gelangten. Der gewaltige Strom war der Kongo.

Zerlegbares Metallboot

Huc und Gabet

Zwei französische Missionare bei tibetischen Lamas
1844–1846

Zwei tibetische Wegelagerer

Auf den tibetanischen Bergen herrscht die älteste Hierokratie (Priesterherrschaft) der Erde.
Johann Gottfried Herder

„Ihr werdet von Zelt zu Zelt, von Stamm zu Stamm gehen, bis euch die Vorsehung den Ort erkennen läßt, an dem ihr bleiben sollt." So hatte der Abt zu den beiden Priestern Huc und Gabet gesprochen, als er ihnen auftrug, eine Missionsstation bei den Tataren zu eröffnen.

Als Nomaden unter Nomaden
Gekleidet nach der Landessitte, durchwanderten sie also die Steppen der Mongolei, schliefen im Zelt oder unter freiem Himmel und trafen auf Nomaden, die ihren Rat erbaten, wie sie entlaufene oder gestohlene Tiere wiederfinden könnten ... So kamen die Priester nach Tibet und durften eine Zeitlang in einem buddhistischen Kloster

Die lange Karawane der tibetischen Gesandtschaft zieht über einen verschneiten Paß.

bleiben. Dort lernten sie die Landessprache und übersetzten religiöse Texte. Im September 1845 schlossen sie sich einer eindrucksvollen Karawane an: Es war die tibetische Gesandtschaft, die gerade von Peking nach Lhasa zurückkehrte. Lang und mühselig war der Weg. Man durchwatete eiskalte Flüsse, überwand schneebedeckte Pässe ... Pater Gabet saß festgebunden auf seinem Pferd, sonst wäre er vor Erschöpfung heruntergefallen. Am 29. Januar 1846 erblickten Huc und Gabet Lhasa, ein Erlebnis, das nur wenigen Fremden zuteil wurde.

Der Potala, früher die Residenz des Dalai Lama, thront über der Stadt Lhasa.

Ein durchgehender Ton ergibt sich, wenn die Langtrompeten von zwei Mönchen so gespielt werden, daß sich Ende und Einsatz der Töne überlagern.

Die Erforschung Sibiriens

Seit dem 16. Jahrhundert interessierten sich die Russen für die riesigen Gebiete östlich des Urals. Eine reiche Kaufmannsfamilie, die Stroganows, gab den ersten Anstoß zur Eroberung des Ostens. 1581 überwanden Maxim Stroganow und der Kosakenhauptmann Jermak Timofejewitsch den Ural und vertrieben die Tataren. Damit war der Weg für die Erforschung Sibiriens frei.

In den folgenden Jahren drangen die Kosaken bis zum Pazifik vor. 1648 umsegelte der Kosake Semon Iwanowitsch Deschnjew die äußerste Landspitze des Kontinents und fuhr über die Beringstraße. Das geschah mehr als 70 Jahre vor ihrer offiziellen Entdeckung durch Vitus Bering.

Goldsucher und Pelzhändler zogen nun in der Taiga, den riesigen sibirischen Wald- und Sumpfflächen, umher. Es wurde Jagd auf Bären und Vielfraße (Raubmarder),

Jakute Tschuktsche Itelmen (Kamtschadalen)

auf Füchse und Zobel, Fischotter und Hermeline gemacht. An der Küste des Nordpolarmeers fing man Walrosse wegen ihrer Hauer aus Elfenbein.

Der Bau der transsibirischen Eisenbahn im 19. Jahrhundert vollendete die Erschließung Sibiriens, doch blieben weite Gebiete unberührt. Zwischen 1902 und 1907 erforschte Wladimir Arsenjew das Gebiet um den Ussurifluß. Sein Auftrag gelang ihm nur mit Hilfe eines alten Goldenjägers (die Golden sind ein sibirisches Volk).

Die Einwohner dieses Landes sind ansehnlich und groß, aber sehr bleich im Gesicht. Sie werden oft von den Tataren überfallen und ihres Viehs und ihrer Habe beraubt.

Marco Polo

Ein Kosakentrupp verläßt die Taiga.

Francis Garnier

Ein französischer Seemann auf dem Mekong 1866–1868

Mandarin (hoher Beamter in China und Indochina)

Vom Regen überfluteter Weg in Laos

Der Mekong ist der größte Fluß Indochinas. Im Jahr 1866 wurde der Marineoffizier Doudart de Lagrée damit beauftragt, den Lauf dieses Flusses zu erforschen, der eine ideale Handelsverbindung zwischen China und der neuen französischen Kolonie Cochinchina zu werden versprach.

Die Expedition unternahm zunächst archäologische Studien in Angkor Vat, einer prachtvollen Tempelanlage der alten Khmerkultur. Dann folgte sie in Ein-

bäumen dem Lauf des Mekong. Hinter Vientiane kam sie in eine Gegend, in der noch kein Europäer zuvor gewesen war. An der Grenze zu Birma wurde der Fluß unbefahrbar.

Auf durchweichten Wegen gelangte der kleine Trupp in die chinesische Provinz Yünnan. Dort starb der vom Fieber geschwächte Doudart de Lagrée. Nun führte Francis Garnier die Expedition weiter, den Jangtsekiang flußabwärts, und erreichte mit ihr wohlbehalten Schanghai. Nach seiner Heimkehr veröffentlichte er einen Bericht über seine abenteuerliche Forschungsreise.

Eine Stromschnelle wird überwunden. Der Mekong entspringt im chinesischen Tangla-Gebirge, fließt durch Tibet, China, bildet die Grenze von Birma und Thailand gegen Laos, kommt durch Kambodscha und mündet im Mekongdelta im Süden Vietnams in das Südchinesische Meer.

Der Weg führt durch ein Dorf in Laos.

Die „Gelbe Kreuzfahrt“

Autos auf der Seidenstraße

1931

Das Unternehmen „Gelbe Kreuzfahrt“ hatte zum Ziel, die riesige Strecke Beirut–Peking per Auto zurückzulegen und die alten Karawanenwege der Seidenstraße wissenschaftlich zu erforschen. Eine chinesische Gruppe unter Victor Point brach von Peking aus auf. Sie durchquerte die Wüste Gobi, wo sie von Sandstürmen und Reifenpannen heimgesucht wurde. Die andere Gruppe unter Charles Marie Haardt wagte sich von Beirut aus auf schwindelerregende, bis zu 4 000 m hoch gelegene Straßen, auf denen kaum ein Pferd gehen konnte. Der verabredete Treffpunkt war Kashgar in der chinesischen Provinz Sinkiang; doch nur ein Teil der chinesischen Gruppe kam dort an. Und dann kam nach all den Strapazen noch die Rückfahrt über 6 000 km durch verschneite Steppen bis nach Peking.

Vom Libanon bis nach Afghanistan wurden die Raupenfahrzeuge in den Dörfern fröhlich begrüßt.

Vom Regen weggespülte oder zugeschneite Straßen, ungesicherte Brücken über Abgründe: Kein Hindernis konnte die wagemutigen Autofahrer der „Gelben Kreuzfahrt“ von ihrem Ziel abbringen.

Robert Burke

Die erste Durchquerung Australiens
1860–1861

Ein Ureinwohner

Australien wurde zum unbewohnten Land erklärt, obwohl die Ureinwohner dort seit 40 000 Jahren lebten.

Im Januar 1788 verließen die ersten englischen Kolonisten ihr Schiff in Port Jackson an der Südostküste Australiens. Zu jener Zeit war nur ein Küstenstreifen dieses Kontinents von den Seefahrten des Kapitäns James Cook her bekannt. Schon bei den ersten Erkundungen entdeckte man im Westen eines Bergmassivs fruchtbares Weideland. Doch das wüstenartige Landesinnere schien unzugänglich zu sein. Den Flüssen zu folgen, war unmöglich, denn sie versickerten stets irgendwo im Wüstensand. Trotzdem wollte man unbedingt eine Verbindung zwischen Süd- und Nordküste finden, denn von der Nordküste aus ließ sich besser Kontakt mit der übrigen Welt halten.

Dromedare in Australien

So verließ im Juli 1860 eine Expedition unter der Leitung von Robert Burke Melbourne. Erstmals wurden dabei aus Indien

Ein neuer Sport: die Hetzjagd auf Känguruhs

importierte Dromedare wegen ihrer Wüstentauglichkeit eingesetzt. Am 11. Februar 1861 stießen Burke und zwei seiner Begleiter auf ein Gewässer, das in Richtung Ozean floß. Doch Mangrovensümpfe versperrten ihnen den Weg zum Meer. Der Rückweg wurde zum Drama. Nur einer überlebte und wurde bei einem Eingeborenenstamm aufgefunden.

Im Jahr 1862 gelang dem Entdecker Stuart nochmals die gefahrvolle Durchquerung. Doch auf dem Rückweg mußte er, erschöpft und erblindet, von seinen Begleitern getragen werden. Bereits ein Jahrzehnt später gab es einen Telegraphen zwischen Adelaide an der Südküste und Darwin an der Nordküste sowie ein Unterwasserkabel zwischen Australien und Indonesien.

Das Känguruh: Die ersten Ankömmlinge waren überrascht über dieses fremdartige Tier, das sein Junges in einem Bauchbeutel trägt und sich mit Sprüngen fortbewegt.

Robert Edwin Peary

Der Bezwinger des Nordpols
1909

Ein Schiff, eingeschlossen im Packeis

Schon im 16. Jahrhundert hatten sich Seefahrer darum bemüht, zwei neue Schifffahrtswege auf der nördlichen Halbkugel zu finden: die Nordwestpassage (entlang der Küsten Kanadas und Alaskas) und die Nordostpassage (nördlich der Küsten Sibiriens). Doch erst im 19. Jahrhundert begannen die eigentlichen Entdeckungsfahrten zum Nordpol. Die vergebliche Suche nach dem Polarforscher Franklin, der zwischen

Die aufgesammelte Müdigkeit all dieser Tage und Nächte von Eilmärschen und ungenügendem Schlaf bei ständiger Gefahr und Angst schien mich nun mit einem Male zu überfallen. Robert Edwin Peary

Unverzichtbar für den Polarforscher: Schlittenhunde

1845 und 1848 im ewigen Eis verschwand, lenkte die allgemeine Aufmerksamkeit auf diese riesige Eiswüste. Man wußte noch nicht, ob es Festland oder schwimmendes Eis war. Doch durch in 2 900 Seemeilen Entfernung wiedergefundene Wrackteile des vom Packeis zerstörten Schiffes *Jeannette* wurde klar: Die Arktis ist kein Land.

Das Rennen zum Pol beginnt

Fridtjof Nansen, ein junger Norweger, ließ sich absichtlich mit seinem Schiff *Fram* vom Packeis treiben. So geriet er im April 1895 in die Nähe des Pols. Dieser galt von da an als sportliches Ziel. Wer würde ihn als erster erreichen? Zwei Amerikaner, von miteinander konkurrierenden Zeitungen finanziell unterstützt, nahmen die Herausforderung an. Doch es blieb umstritten, ob überhaupt einer den Pol erreichte: Lange glaubte man, daß Peary als erster Mensch am 6. April 1909 am Nordpol ankam. Aber genauso wie die Behauptung Frederick A. Cooks, schon im April 1908 dort gewesen zu sein, konnte auch das nicht bewiesen werden.

Der Eisbär mit seinem starken Gebiß und den fürchterlichen Krallen ist bei allen Polarreisenden sehr gefürchtet.

Peary, wie ein Eskimo gekleidet: ideal für die extremen Bedingungen der Polargebiete

Scott und Amundsen

Tödlicher Wettlauf zum Südpol
1911–1912

Beim Wettlauf zum Südpol beging Scott den Fehler, Ponys statt Schlittenhunde zu nehmen, die am besten für Polarfahrten geeignet sind.

Als James Cook 1773 den südlichen Polarkreis überschritten hatte, glaubte er, die Zufahrt zum antarktischen Kontinent, falls es sie wirklich gab, sei durch Eismassen versperrt. Zu Beginn des 19. Jahrhunderts gelangten Robbenfänger an die Küste. Kurz darauf folgten ihnen die ersten wissenschaftlichen Expeditionen. Am wichtigsten waren wohl die der Engländer James Weddell (1823) und James Clark Ross (1895). Richtig betreten wurde das antarktische Festland erst 1895 von norwegischen Walfängern.

Ein tragischer Zweikampf

1911 machten sich zwei Expeditionen auf den Weg zum Südpol. Der Norweger Roald Amundsen versuchte sein Glück mit Hundeschlitten von der Walfischbucht aus. Der Engländer Robert Falcon Scott dagegen startete mit Ponys von der Ross-Insel.

Die Ponys müssen getötet werden

Im Schnee waren Scotts Ponys schnell erschöpft und mußten getötet werden. Nun zogen die Männer selbst die schweren Schlitten über schwieriges und teils gebirgiges Land. Zur selben Zeit näherten sich die Hunde von Amundsen rasch dem Pol. Sie bewältigten täglich eine Strecke von 30 bis 40 km.

Am 16. Januar 1912 kam Scott mit vier Begleitern erschöpft am Südpol an: Dort wehte über einem kleinen Zelt die norwegische Fahne. Amundsen war ihnen um einen ganzen Monat zuvorgekommen...

Der Rückweg wurde zur Tragödie. Ein Schneesturm kam auf, und die fünf Männer starben einer nach dem anderen – die letzten drei nur knapp 20 km vom Basislager entfernt.

Am 16. Januar 1912 entdeckten Scott und seine Gefährten das von Amundsen zurückgelassene Zelt. Ein Rückweg von 1600 km lag jetzt vor ihnen. Einen Monat später starb Evans nach einem Sturz. Am 16. März lief Oates in den Schneesturm, der am 21. März Scott, Wilson und Bowers zwang, ohne Lebensmittel im Zelt auszuharren. Ihre Leichen und Scotts Aufzeichnungen fand man ein Jahr später.

Terra incognita

Die Geheimnisse des blauen Planeten

Auf die Entdeckung der Kontinente folgte die Erforschung neuer Räume: die Tiefen der Ozeane, die Gipfel der Berge, die Krater der Vulkane und der unendliche Raum des Alls.

In den achtziger Jahren des letzten Jahrhunderts interessierte man sich immer mehr für das Erdinnere. Damit wurde einer neuen Wissenschaft der Weg geebnet: der Höhlenforschung (Speläologie).

Die höchsten Berge der Welt zu bezwingen war eine weitere Herausforderung. Wer würde diese Gipfel als erster erobern? Erst 1953 erreichten Bergsteiger das Dach der Welt, den Mount Everest (8 848 m) im Himalaja. Es waren Edmund Hillary und der Sherpa Tenzing Norgay.

Vom Alpinismus zur Vulkanforschung war es nur ein Schritt – allerdings ein großer: Man mußte in die tiefen Krater steigen.

Die neue Wissenschaft erforderte sowohl körperliche als auch wissenschaftliche Fähigkeiten. Der Beruf eines Vulkanologen ist gefährlich und spannend zugleich.
Durch die enormen Fortschritte, die seit Beginn dieses Jahrhunderts im Tiefseetauchen gemacht wurden, enthüllte der Meeresboden den Ozeanographen Schritt für Schritt seine Geheimnisse. Es wurden Beweise für eine seit 1912 von Alfred Wegener entwickelte geographische Theorie gefunden: die Verschiebung der Kontinente.
Am 12. April 1961 umkreiste der sowjetische Kosmonaut Jurij Gagarin in einem 108minütigen Raumflug die Erde. Er war der erste Mensch, der den Planeten Erde als Ganzes sah. Und Neil Armstrong betrat als erster Mensch am 21. 7. 1969 den Mond.

Die Wunder der „Welt des Schweigens“ wurden durch die Unterwasserfilme des Meeresforschers Jacques Cousteau der Öffentlichkeit zugänglich.

Der Astronaut Armstrong, der als erster Mensch den Mond betrat, beim Aussteigen aus der Kapsel: *„Ein kleiner Schritt für mich, ein großer Schritt für die Menschheit.“*

Auf seinem Raumflug konnte Gagarin zweimal den Sonnenaufgang des 12. April 1961 bewundern.

Das kleine Lexikon der Entdecker

Amazonen
Ursprünglich ein sagenhaftes kriegerisches Frauenvolk, dessen Reich um 1200 v. Chr. im Norden des Hethitherreiches lag.

Aborigines
Die Ureinwohner Australiens.

Barbar
Bei den Griechen ursprünglich jeder, der nicht Griechisch sprach. Seit den Perserkriegen mit dem Nebensinn des Ungebildeten. Heute heißt ein Rohling oder Ungebildeter Barbar.

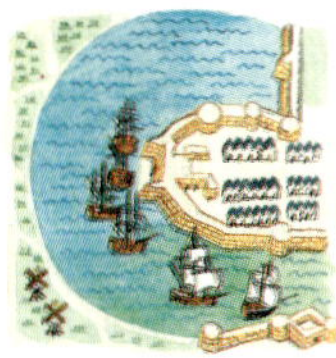

Cañon
span.: Röhre; englisch Canyon geschrieben. Es ist ein schluchtartiges Engtal in Gebirgen mit waagrechter Gesteinslagerung. Besonders berühmt ist der Grand Canyon im Südwesten von Nordamerika.
Er ist die größte Talschlucht der Erde (350 km lang, 1800 m tief).

Champlain, Samuel de
(1567–1635). Französischer Offizier und Pionier. Er gründete 1608 die Stadt Quebec in Kanada.

Columbus, Christoph
(1451–1506)
Er hat dem Abendland eine neue Welt wiederentdeckt: u. a. Kuba, Haiti, Jamaica, die Küste im Norden Südamerikas und in Zentralamerika. Bis zu seinem Tod glaubte er, den Weg nach Indien gefunden zu haben.

Curare
Pflanzliches Pfeilgift südamerikanischer Naturvölker.

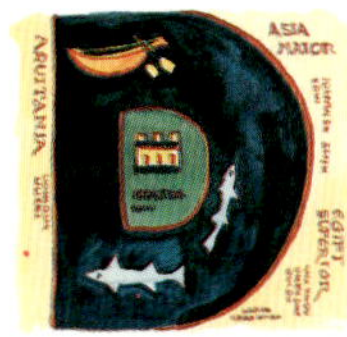

Dschingis-Khan
(um 1155–1227). Er war der Begründer des mongolischen Weltreichs. Bei seinem Tod erstreckte es sich vom Chinesischen Meer bis nach Europa.

Dschunke
Chinesisches Segelschiff mit Holzrumpf und geflochtenen Mattensegeln. Schon Marco Polo beschrieb die Dschunke als viermastiges Handelsschiff.

Ethnologie
Die Wissenschaft von den Kulturen der Völker, auch Völkerkunde genannt. Dabei werden z. B. Sprache und Sitten eines bestimmten Volkes beschrieben und gedeutet.

Fieber, tropisches
Durch Insektenstiche ausgelöste Krankheit, die viele Forschungsreisende dahinraffte.

Gaucho
Indianermischling der Pampa in Südamerika. Sozusagen der Cowboy des Südens. Er steht im Dienst der großen Viehzüchter.

Hydrographie
Gewässerkunde

Indianer
Das sind die Ureinwohner Amerikas.

Jesuiten
Der katholische Orden der Jesuiten wurde 1534 gegründet und entsandte Missionare in die ganze Welt. Ihre Reiseberichte waren für alle, die sich für die Erforschung der Welt interessierten, sehr wertvoll.

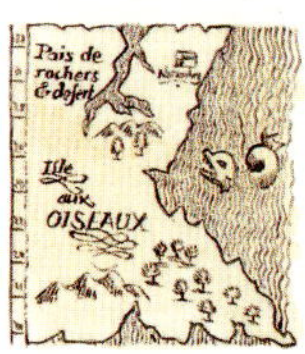

Khan
Türkisch-mongolischer Herrschertitel

Lama
Buddhistischer Mönch oder Priester bei den Mongolen und Tibetern.

Marabut
arabisch: Einsiedler; heute allgemein für Derwisch (islam. Weiser).

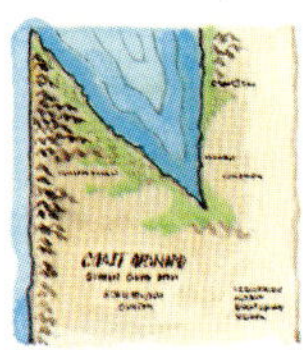

Nilquellen
Viele Forschungsreisen nach Afrika galten der Suche nach den Nilquellen (Burton, Speke, Livingstone, Stanley).

Orinoco
Strom im Norden Südamerikas. Er mündet in einem Delta, das im Jahr ca. 45 m ins Meer hinauswächst.

Potala
Die frühere Residenz des Dalai-Lama hoch über der Stadt Lhasa in Tibet.

Pygmäen
Schon im Altertum kannte man kleinwüchsige Menschen in der Nähe der Nilquellen. Die eigentlichen Pygmäen leben im tropischen Regenwald Äquatorialafrikas.

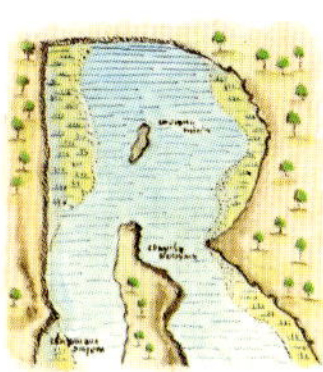

Regenwald
Tropische Tiefland-Regenwälder: Das sind immergrüne, artenreiche, zum Teil über 50 m hohe Wälder. Das ganze Jahr über ist es feucht und heiß. Besonders in Äquatornähe sind diese Wälder reich an Lianen. *Subtropische und tropisch-montane Regenwälder* sind immergrün und meist niedrig. Sie sind reich an Orchideen und Farnen. Heute sind diese Wälder durch den Menschen sehr gefährdet.

Rocky Mountains
Die Rocky Mountains, zu deutsch Felsengebirge, erstrecken sich über rund 4 500 km von Nord-Alaska (Brooks-Kette) über Nordwest-Kanada bis in den Süden der USA. Die höchste Erhebung mit 4 399 m ist der Mount Elbert in Colorado, USA.

Seidenstraße
Das ist die alte Karawanenstraße von China bis nach Syrien. Sie war der bedeutendste Handelsweg zwischen dem Fernen Osten und Europa.

Sklaven
Kaufsklaven gab es schon ab dem 6. Jh. v. Chr. Die Entdeckung und Erschließung Amerikas ließ den Sklavenhandel sprunghaft anwachsen. Die Zahl der zwischen 1520 und 1850 nach Amerika verschleppten Schwarzen wird auf 8 bis 10 Mio. geschätzt. Dort mußten viele unter menschenunwürdigen Bedingungen hart arbeiten.

Taiga
Weite Teile Sibiriens sind davon bedeckt. Es sind Birken- und Nadelwälder.

Trail of Tears
Pfad der Tränen: Weiße enteigneten die Indianer. Mit Hilfe der nordamerikanischen Regierung wurden ab 1820 viele Stämme von ihrem Land vertrieben und gezwungen, den langen Marsch nach Oklahoma anzutreten. Tausende starben vor Hunger, Kälte und Krankheit auf diesem Weg.

Yak

Es ist ein Wildrind aus Zentralasien mit geschwungenen Hörnern und langem Fell. Schon Marco Polo bewunderte dieses Tier. Yaks werden als Last- und Reittiere verwendet. Sie liefern Milch, Fleisch, Wolle, Fell, Haut und Horn. Ihr Mist wird zum Feuermachen genommen. Auch sind sie gegen rauhes Klima unempfindlich.

Yünnan

Provinz in China, durch die u. a. der Mekong und der Jangtsekiang fließen.

Zobel

Raubmarderart aus Sibirien. Der Zobel ist immer noch begehrtes Objekt für Pelzjäger.

Bibliographie

S. 6 Henry Morton Stanley, Im Herzen Afrikas (Auszug), hrsg. und kommentiert von Dr. Kurt Benesch, © Omnibus Verlag, Wien 1979. **S. 14–17** Herodot, Historien. Deutsche Gesamtausgabe (Auszug), neu hrsg. und erläutert von H.W. Haussig, Alfred Kröner Verlag, Stuttgart 1955. **S. 18** Arrian, „Von den indischen Weisheitslehrern" (Auszug), aus: Kastenwesen in Indien, zit. n. Die Entdeckung und Eroberung der Welt, Dokumente und Berichte, Bd. II, Asien, Australien, Pazifik. Hrsg. Urs Bitterli, C. H. Beck'sche Verlagsbuchhandlung, München 1981. **S. 21** Wilhelm von Rubruk, „Auf dem Wege zum Großkhan" (Auszug), zit. n. Heinrich Harrer/Heinrich Pleticha, Entdeckungsgeschichte aus erster Hand, Berichte und Dokumente von Augenzeugen und Zeitgenossen aus drei Jahrtausenden, Arena Verlag, Würzburg 1968. **S. 22–27** Marco Polo, Von Venedig nach China. Die größte Reise des 13. Jahrhunderts, neu hrsg. und kommentiert von Theodor A. Knust, Horst Erdmann Verlag, Tübingen und Basel 1972. **S. 28** Ibn Battuta, „Lob der Stadt Basra" (Auszug), aus: Ibn Battuta, Reisen, zit. n. Die Entdeckung und Eroberung der Welt... Bd. II ... a.a.O. **S. 31** Bartolomé de Las Casas, „Die Greueltaten der Spanier" (Auszug), aus: ders. Brevissima Relación, zit. n. Die Entdeckung und Eroberung der Welt. Dokumente und Berichte, Bd. I, Amerika, Afrika. Hrsg. von Urs Bitterli, C. H. Beck'sche Verlagsbuchhandlung, München 1980. **S. 33** G. de Carbajal, „Kampf mit Amazonen" (Auszug), zit. n. Heinrich Harrer/ Heinrich Pleticha, Entdeckungsgeschichte ... a.a.O. **S. 47** Alexander von Humboldt, Abenteuer eines Weltreisenden (Auszug), hrsg. und kommentiert von Reinhold Santner, Omnibus Verlag, Wien 1980. **S. 50** René Caillié, „Zur Königin der Wüste" (Auszug), zit. n. Heinrich Harrer/ Heinrich Pleticha, Entdeckungsgeschichte ... a.a.O. **S. 55** Henry Morton Stanley, Im Herzen Afrikas (Auszug) ... a.a.O. **S. 58** Johann Gottfried Herder, „Lob der Asiaten" (Auszug), zit. n. Die Entdeckung und ... a.a.O. **S. 68** Robert Edwin Peary, „Endlich am Nordpol" (Auszug), zit. n. Heinrich Harrer/Heinrich Pleticha, Entdeckungsgeschichte ... a.a.O.